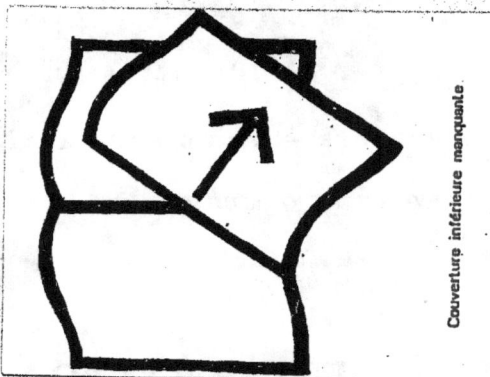

Couverture inférieure manquante.

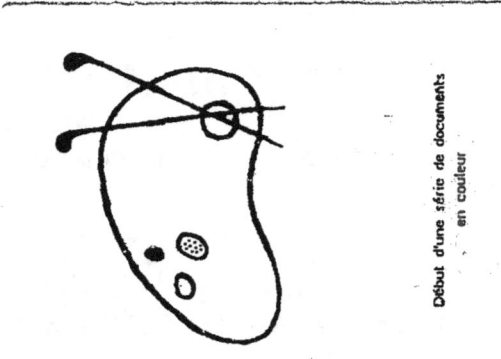

Début d'une série de documents
en couleur

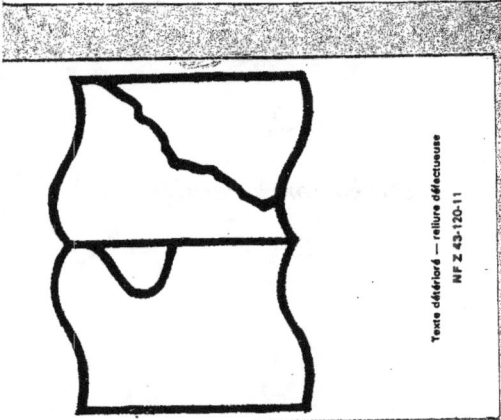

Texte détérioré — reliure défectueuse

NF Z 43-120-11

RELIGION DE L'HUMANITÉ

ORDRE ET PROGRÈS — VIVRE POUR AUTRUI

VIVRE AU GRAND JOUR

CIRCULAIRE EXCEPTIONNELLE

ADRESSÉE

AUX VRAIS DISCIPLES D'AUGUSTE COMTE

PAR

1765

LE Dr GEORGES AUDIFFRENT

L'un de ses treize exécuteurs testamentaires

Distribution gratuite

PARIS

SOCIÉTÉ ANONYME DES IMPRIMERIES RÉUNIES

2, RUE MIGNON, 2

1886

Nonante-huitième année de la grande crise

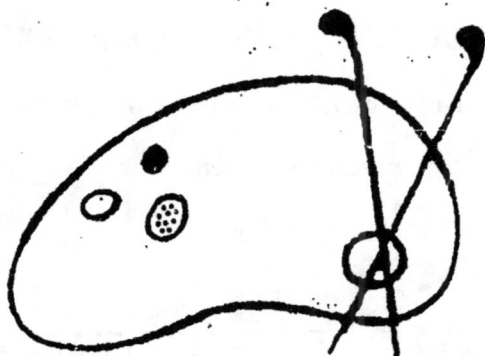

Fin d'une série de documents
en couleur

RELIGION DE L'HUMANITÉ

ORDRE ET PROGRÈS — VIVRE POUR AUTRUI

VIVRE AU GRAND JOUR

~~~~~~

CIRCULAIRE EXCEPTIONNELLE

ADRESSÉE

AUX VRAIS DISCIPLES D'AUGUSTE COMTE

PAR

Le Dr Georges AUDIFFRENT

L'un de ses treize exécuteurs testamentaires

~~~~~~

Distribution gratuite

~~~~~~

PARIS

SOCIÉTÉ ANONYME DES IMPRIMERIES RÉUNIES

2, RUE MIGNON, 2

—

1886

Nonante-huitième année de la grande crise

CIRCULAIRE EXCEPTIONNELLE

ADRESSÉE

AUX VRAIS DISCIPLES D'AUGUSTE COMTE

Marseille, le 27 Homère 98 (24 février 1886).

> « Je vous engage à présenter le Positivisme comme directement résumé dans l'utopie de la Vierge-Mère, qui doit nous rendre spécialement attentifs tous les dignes catholiques des deux sexes. »
>
> (AUGUSTE COMTE, *Correspondance inédite.*)

Les déchirements profonds survenus parmi les disciples d'Auguste Comte ont dû nous inspirer de bien vives craintes pour l'avenir de sa doctrine. Il était, en effet, à redouter que la marche n'en fût retardée et que la déviation intellectuelle, qu'elle a éprouvée, n'en eût pour long-temps altéré et l'esprit et la sentimentalité.

Quoique une appréciation rigoureuse et de la situation et des différentes personnalités qui se sont trouvées rappro-chées, à la mort du Maître, nous eut déjà rassurés en nous montrant que des diversités individuelles, trop longtemps dissimulées, constituaient le principal motif du désaccord survenu parmi ceux qui paraissaient jusque-là avoir toujours marché dans la plus parfaite union, il y avait lieu cependant de craindre que la voix des disciples qui ont les premiers signalé le danger ne restât pendant longtemps sans écho. Cette crainte ne saurait désormais exister, et, disons-le avec un sentiment de juste satisfaction et de reconnaissance, le Positivisme a trouvé des organes jeunes et ardents, dignes de le propager et d'en montrer les véritables tendances.

Ainsi commencent déjà à se réaliser les justes espérances du Maître. Ne nous annonçait-il pas que si la doctrine régénératrice avait dû surgir dans le milieu le plus anarchique de l'Occident, ce n'était guère que parmi les populations catholiques du Midi qu'elle recevrait un jour son plus complet développement.

Ce qui se passe en ce moment au Brésil et au Chili, sous l'initiative de deux jeunes apôtres, dont les contacts parisiens n'ont pu altérer ni le cœur, ni l'esprit, nous montre, en effet, combien se trouvaient fondées de telles prévisions. La situation exceptionnelle où se trouvent, dans l'Amérique du Sud, les expansions catholiques de l'Occident, explique suffisamment ce qui s'y est produit lorsque le Positivisme a pu y être présenté comme venant continuer la grande œuvre de saint Paul et de saint Bernard. Un clergé depuis longtemps discrédité ne pouvait y détourner les populations de la recherche de nouvelles voies, tandis que le peu d'influence qu'y exerçaient les corporations savantes, sans racines parmi elles, les préservait de la fausse science et des sophismes de l'Occident.

Poussées par la marche de la civilisation vers une émancipation intellectuelle, assez avancée pour leur permettre de reconnaître l'épuisement des anciens dogmes, ces populations, jeunes encore d'espérances, ont pu conserver les précieuses habitudes sentimentales que la culture catholique et les grandes traditions féodales ont si heureusement entretenues chez elles. Aussi la doctrine qui rétablissait la prépondérance du cœur sur l'esprit n'a eu, en quelque sorte, qu'à y être annoncée, pour jeter parmi elles de profondes et vigoureuses racines.

Ceux qui contemplent de loin un spectacle si rassurant pour nous, ne doivent pas y trouver seulement un sujet de satisfaction et d'espérance, ils doivent encore en dégager un enseignement, car, en présence d'un tel résultat, une grande question se pose naturellement.

L'insuffisance de celui que, dans un moment d'affolement général, les disciples d'Auguste Comte placèrent à leur tête, a certainement contribué puissamment à retarder la marche du Positivisme, mais peut-elle suffire à elle seule pour expliquer le temps d'arrêt qu'a éprouvé, dans sa propagande, une doctrine que tout semble désormais réclamer, l'épuisement des anciens moyens de direction, aussi bien que la profonde anarchie où se trouve de nos jours plongé l'Occident tout entier.

Telle est la question qu'il faut, en effet, se poser et l'heureux succès de notre propagande transatlantique est bien fait pour nous engager à chercher aussi d'autres causes, que l'insuffisance du chef, à cet état de stagnation. Auguste Comte avait assez indiqué les obstacles contre lesquels auraient à lutter ses disciples, pour que, s'ils avaient été mieux pénétrés de son esprit, ils n'eussent point compromis leurs forces en des tentatives stériles. Le projet de ligue religieuse qu'il avait conçu, pendant les deux dernières années d'une existence si prématurément brisée, aurait dû leur montrer, s'ils l'avaient pris en suffisante considération, où devaient tendre leurs efforts.

La dictature rétrograde, sous laquelle se sont écoulées les dernières années du Maître, bien que nous préservant de toutes les divagations parlementaires, ne lui paraissant pas toutefois en situation de tenir compte de tous les inconvénients qui pouvaient résulter, même au point de vue de sa propre conservation, de l'ingérence du gouvernement dans les choses de l'ordre spirituel, il eut l'idée de s'adresser aux plus actifs défenseurs des intérêts catholiques et de leur montrer quels avantages pouvaient résulter pour eux et pour le catholicisme d'une renonciation volontaire à toute subvention de l'État.

Réclamée depuis longtemps par l'opinion, la suppression du budget des cultes, dans un avenir plus ou moins prochain, ne pouvant être douteuse pour personne, les directeurs catholiques, en allant au-devant d'une échéance certaine, pouvaient exiger alors, à titre de compensation, la suppression des deux budgets académique et universitaire, et assurer ainsi la liberté spirituelle jusqu'ici vainement réclamée par eux.

Quelque chimériques qu'aient pu paraître, il y a trente ans, de semblables espérances, on peut constater aujourd'hui combien elles étaient sur la voie des choses possibles, puisque nous les voyons de nos jours passionner les vrais républicains, justement alarmés, pour la liberté de penser, de l'extension des privilèges universitaires, et cela autant que peuvent l'être les catholiques sincères de l'application rigoureuse d'un Concordat destiné, dans le principe, à restreindre leur influence, et resté, par sa nature, attentatoire à leur dignité.

Dans la pensée du grand philosophe le renversement du triple obstacle, élevé par un héros rétrograde à la marche de l'évolution moderne, tout en assurant la libre discussion, devait aussi préparer l'avènement d'une véritable ligue entre ceux qu'alarment les progrès de l'anarchie actuelle, dont les ravages s'étendent des pensées aux sentiments, et menacent directement la constitution domestique. Une semblable ligue devait servir à rapprocher tous ceux qui reconnaissant la nécessité d'une religion en font la garantie suprême de tout ordre social et moral. Elle pouvait être présentée comme l'analogue de celle qui, au seizième siècle, fut dirigée contre le protestantisme, représentant alors la Révolution. Elle eût réparti la société contemporaine en deux camps bien distincts, où se seraient trouvés, d'un côté, ceux qui sentent les avantages d'une discipline quelconque et d'un autre ceux qui la repoussent. En ces conditions, une libre discussion eût pu naturellement s'établir entre les disciplinés, pour l'établissement d'une foi commune. Le Positivisme, organe autorisé des grandes aspirations contemporaines, pouvait ainsi espérer de rallier les natures chez qui l'esprit se trouve à la hauteur du cœur.

Telle est la ligne de conduite que se proposait de suivre Auguste Comte pour hâter la propagande de sa doctrine et l'installation du Positivisme comme pouvoir dirigeant. On doit cependant excuser ses disciples de ne l'avoir pas suivie; il fallait pour s'engager dans une pareille voie une autorité qu'ils n'avaient pas. D'ailleurs leur origine révolutionnaire les disposait peu à renoncer aux errements de leur ancien parti, auquel l'orgie impériale et sa triste issue pouvaient donner une sorte d'investiture. Mais, quelque inopportune qu'ait pu leur paraître une ligue religieuse, le projet du Maître n'indiquait pas moins qu'il considérait comme close l'ère des révolutions. Sans donc renoncer à rallier les grandes natures révolutionnaires, chez qui l'enthousiasme républicain fut toujours un sûr garant de leurs dispositions à reconnaître la suprématie du cœur, ils devaient chercher à se rapprocher davantage des natures vraiment religieuses, surtout féminines. Leur directeur

actuel n'a jamais aspiré au contraire qu'à convaincre en s'adressant exclusivement à l'esprit.

Le mouvement qui s'accomplit aujourd'hui au delà de l'Atlantique devrait leur montrer désormais combien étaient fondées les espérances de leur Maître. Pour les partager, il fallait à ses disciples et surtout à leur chef d'autres dispositions, et, disons-le, un enthousiasme religieux que ne comportait point leur nature. Quoi qu'il en soit, nous le répétons, si un semblable mouvement doit nous rassurer pour l'avenir, il ne doit pas moins constituer pour nous un véritable enseignement. Celui qu'un préjugé littéraire mit à la tête du Positivisme restera certainement responsable auprès de la Postérité de l'avoir détourné de ses véritables voies. Nous avions espéré, jusqu'à ce jour, qu'il pourrait lui être accordé des circonstances atténuantes, en raison des difficultés qu'opposait à la marche de la doctrine régénératrice le milieu le plus anarchique de l'Occident. Mais sa dernière circulaire ne peut nous laisser à cet égard aucun espoir. C'est par des moyens coupables qu'il s'obstine à défendre son autorité de toutes parts attaquée. Dans les efforts que n'ont cessé de faire ceux qu'alarme justement sa déplorable déviation mentale, pour revenir aux grandes traditions méconnues par lui, il n'a vu qu'une attaque personnelle, aussi continue-t-il à se méprendre sur leurs véritables intentions. Pour se défendre il aggrave ses torts en y ajoutant d'autres. Quelque pénible qu'il soit pour nous de revenir sur des événements passés, nous ne nous y voyons pas moins forcés, pour rétablir les faits sciemment altérés et pour montrer la vraie situation qui nous est faite à ceux qui pourraient douter encore de la légitimité de notre opposition. C'est d'ailleurs le seul moyen qui nous reste pour préparer un prompt retour aux voies délaissées.

Nous l'avons dit ailleurs, la doctrine d'Auguste Comte, pas plus que celle de saint Paul, ne s'est élevée d'un trait à son couronnement final. La longue élaboration de sa base scientifique donna lieu à bien des illusions chez ceux qui ne purent voir que la partie intellectuelle d'une œuvre qui s'adressait cependant autant au cœur qu'à l'esprit. Successivement abandonné par ses premiers adhérents, dans sa marche progressive vers le couronnement de son œuvre, lorsque la mort vint le surprendre, le grand philosophe ne se trouvait entouré que d'un petit nombre de disciples ayant accepté l'ensemble de sa doctrine. S'ils admettaient tous la nécessité d'une religion, il faut bien le reconnaître, ils n'avaient pour la plupart ni la sentimentalité, ni l'ardeur que réclamait la propagation d'une nouvelle foi. Le point de vue intellectuel dominait implicitement chez le plus grand nombre. Après les quelques jours du désarroi qui suivit une mort inattendue, et dont on peut lire les diverses phases dans la notice si consciencieusement et si respectueusement écrite du docteur Robinet, on se donna un chef. On ne vit pas d'autre moyen d'échapper à la dispersion que semblaient faire redouter quelques désertions imprévues. On se mettait cependant en cela en opposition directe avec la volonté si nettement exprimée par le Maître, dans le tome final de sa *Politique positive*. Celui que l'on choisit fut, non le plus dévoué, mais le plus instruit. On cédait en cette occasion à un préjugé littéraire, car M. Laffitte avait été exclu par Auguste Comte de sa succession, non pour aucun motif qui pût porter atteinte à sa considération, mais pour insuffisance de caractère. Il est vrai qu'on ne lui confia qu'un intérim. M. Laffitte prit en cette occasion le titre de directeur du Positivisme.

Investi à partir de ce moment de la haute direction, il

n'eut plus qu'une pensée, qui se manifesta dès les premiers jours de son intronisation et qui resta celle de toute sa vie : instituer l'enseignement. C'est cette pensée qu'on retrouve dans toutes ses circulaires, depuis la première jusqu'à la dernière. Une longue existence fut ainsi tout entière consacrée à une œuvre évidemment prématurée. Est-il nécessaire de dire combien le directeur du Positivisme s'éloignait en cela de la pensée de son Maître et de ses plus formelles invitations ?

Dans ses œuvres, comme dans toutes ses recommandations, orales ou écrites, Auguste Comte avait toujours considéré toute tentative d'enseignement partiel comme constituant un danger autant à redouter pour l'esprit que pour le cœur. Aussi avait-il ajourné toute tentative de cette nature jusqu'à ce qu'un même professeur pût se charger de conduire chacun de ses initiés des premiers degrés de la hiérarchie abstraite jusqu'à son couronnement normal, social et moral. M. Laffitte ne persista pas moins obstinément dans sa résolution, quoiqu'il sût mieux que personne qu'il enfreignait les prescriptions les plus précises de son Maître. Il n'avait autour de lui ni le personnel que réclamait l'œuvre gigantesque, pour notre temps, qu'il entreprenait, ni même l'auditoire qui pouvait bénéficier d'un tel enseignement. On eut la faiblesse de le suivre dans cette voie et sa faute devint bientôt celle de tout le monde, vu l'adhésion qu'il trouva presque partout. On était, il est vrai, sous le régime impérial, et le directeur du Positivisme eut beau jeu pour persuader à chacun qu'on ne pouvait faire autre chose. D'ailleurs, comme il l'a avoué plus tard, il se croyait obligé, pour rester à la tête du Positivisme, de montrer à tous sa supériorité intellectuelle. Son enseignement ne s'adressa naturellement qu'à l'esprit ; aussi n'eut-il jamais un bien grand retentissement, malgré tout l'intérêt qu'il présentait par son grand luxe d'érudition.

Plus tard, lorsque le gouvernement de la République concéda aux partis rétrogrades la faculté d'établir des Universités libres, M. Laffitte parla de fonder une Université positiviste. En un temps où la liberté d'exposition était complète, où la scène politique et sociale semblait réclamer autre chose que des cours, on ne put qu'être étonné d'une semblable pensée. A partir de ce moment, on douta de toutes parts des aptitudes gouvernementales du directeur du Positivisme. La déviation intellectuelle était complète et ne pouvait être plus longtemps méconnue.

Quelque réfractaire qu'ait été M. Laffitte à tout entraînement religieux, est-il permis de croire qu'il n'ait pas compris qu'en procédant comme il l'a fait il se trouvait en désaccord avec toutes nos traditions ? Je n'ai pas été le premier à reconnaître que M. Laffitte n'obéissait plus qu'à des mobiles personnels et qu'il ne cherchait avant tout qu'un théâtre plus étendu pour faire étalage de son vaste savoir. Alors qu'on le croyait modeste, son meilleur ami disait déjà dans l'intimité que tout n'était en lui que vanité.

Tout va maintenant se subordonner chez cet homme, si remarquablement doué sous le rapport intellectuel, à cette exaltation vaniteuse qui a tout troublé et qui trouble encore tout autour de lui. S'étonnera-t-on désormais de le voir entrer en Sorbonne sous le patronage du grand maître de l'Université; de le voir plus tard traîner le Positivisme sur les tréteaux du Trocadéro, dans les dîners officiels, où l'on est forcé, pour le réduire au silence, d'étouffer sa voix sous d'ironiques applaudissements ? C'est ainsi que le directeur du Positivisme procédait à l'introduction de la religion de l'Humanité sur la scène du monde. Avec le même sentiment des convenances et la même modestie, il annonçait, peu de temps auparavant, parodiant en cela son Maître, qu'il consacrerait son successeur à Notre-Dame.

Si la plupart de ceux qui entouraient M. Laffitte, placés comme lui au point de vue intellectuel, étaient disposés à tout lui concéder, il y avait cependant parmi eux des hommes de bon sens, des patriotes ardents, qui gémissaient de voir délaisser les questions qui passionnaient le plus l'opinion, et cela sous prétexte qu'il fallait pour agir attendre le moment opportun. Le mot, avant de faire fortune, était déjà depuis longtemps consacré par le directeur du Positivisme; il appartient au vocabulaire de tous ceux qui veulent éluder leurs devoirs.

Les résultats d'un enseignement, devenu de plus en plus spécial, n'étaient pas de nature à constituer une compensation aux préoccupations que faisaient naître nos discordes politiques ou sociales. Sous le régime impérial, avons-nous dit, on avait pu se résigner à l'inaction, mais la situation républicaine, si grosse de dangers, réclamait hautement l'intervention d'une doctrine dirigeante. Deux disciples, dont on ne saurait trop honorer le civisme, MM. les docteurs Robinet et Sémerie, crurent le moment venu d'éclairer l'opinion, qui s'égarait en des subtilités parlementaires ou démagogiques. Ils voulurent rendre à la Société positiviste son ancien caractère et s'en servir pour fournir des solutions aux nombreuses questions alors pendantes, ainsi qu'elle l'avait fait en d'autres temps sous la puissante initiative de son fondateur. Une lutte sourde s'établit entre eux et le directeur du Positivisme. Son manque d'initiative et son insuffisance apparurent même aux plus indifférents.

C'est en cette occasion qu'on eut l'idée de fonder une Revue, pour sortir de l'inaction à laquelle condamnait chacun l'attitude de la direction centrale. Si M. Laffitte s'opposa à la fondation de cette Revue, ce fut moins pour rester fidèle aux prescriptions de son Maître, de ne jamais recourir à la presse périodique, comme moyen de propagande, que dans la crainte d'en voir les deux principaux promoteurs se laisser entraîner en des luttes que sa prudence lui faisait redouter. Le terrain politique n'était alors rien moins qu'affermi. Ses déclarations à plusieurs d'entre nous et sa conduite ultérieure à l'égard de la Revue, quand ses succès et la modération de ses principaux rédacteurs l'eurent rassuré, ne laissent aucun doute à cet égard. M. Laffitte n'a-t-il pas fourni, lui aussi, des articles à cette Revue? D'ailleurs, nous le verrons plus tard devenir lui-même fondateur d'une nouvelle Revue.

Au 16 mai, la Revue, qu'avait si brillamment rédigée le docteur Sémerie, cessa de paraître. Elle avait donné un certain ébranlement au noyau positiviste. Le crédit de M. Laffitte n'en fut pas pour cela augmenté. On trouva au contraire dans ce premier succès une raison de plus pour condamner son inaction. On avait évidemment fondé des espérances exagérées sur cette publication, mais on avait donné une occupation à ceux qui croyaient, non sans raison, le moment venu d'agir. Il y avait certainement mieux à faire, mais il eût fallu que l'initiative vînt d'en haut, et de ce côté tout restait muet. Aussi retomba-t-on dans la torpeur initiale quand la Revue eut suspendu sa publication.

Après quelque temps d'une nouvelle stagnation, des protestations nombreuses se manifestèrent encore, mais plus explicites. L'une d'elles fut conduite par MM. Sémerie et Congrève; elle entraîna la plupart des positivistes alors présents à Paris. M. Laffitte se sentit ébranlé: Ne fût-ce que par dignité, ne devait-il pas renoncer à une direction qui, jusqu'ici, n'avait été que nominale? Il eut, après bien des hésitations, l'étrange idée de convoquer le ban et l'arrière-ban du Positivisme, faisant ainsi appel au suffrage démocratique, et de demander qu'on attendît encore un an ou dix-huit mois avant de juger définitivement ses actes. Il avait, disait-il, consacré tout son temps, sa vie entière au Positivisme, et devait s'attendre à plus d'égards; il ne comprenait pas qu'on le poussât à se démettre. Un semblable langage ne pouvait qu'exciter la commisération, et quelqu'un fit observer qu'il était sans fortune. Personne ne songeait cependant à le priver de la subvention qui lui avait été jusqu'alors affectée. Mais M. Laffitte avait déclaré qu'il ne consentirait jamais à devenir le pensionnaire du Positivisme. On se retira sans rien arrêter. M. Laffitte n'en demandait pas davantage. N'avait-il aucune arrière-pensée, lorsque, oubliant sa dignité, il demanda à être pris à l'essai? Il connaissait trop bien le milieu où il avait si longtemps vécu, pour ne pas comprendre qu'il lui serait facile de le diviser. Il n'eut pas fort à faire pour y arriver. Ceux qui se plaignaient de son inaction n'étaient placés, pour la plupart, qu'au point de vue politique, et n'étaient certes tourmentés par aucune ardeur religieuse. Un petit nombre seulement aspirait à revenir aux grandes traditions du Maître, mais, il faut bien le dire, tout était confus dans leur pensée.

Ainsi on voulut amener M. Congrève à Paris, dans l'espérance qu'il ramènerait tout le monde aux anciennes traditions. Mais, pour le substituer à M. Laffitte, il fallait lui donner une situation prépondérante. On songea alors à en faire un Président de la Société positiviste, sans penser qu'il fallait obtenir d'abord la démission de M. Magnin, qui était tout dévoué au directeur du Positivisme. D'ailleurs un semblable poste, tout politique, ne pouvait être occupé que par un Français.

Dans une semblable confusion d'idées et de projets, M. Laffitte pouvait certes espérer, en temporisant, de dissoudre la coalition dirigée contre lui. Qu'on me permette de déclarer ici que je ne fus initié aux projets formés que lorsqu'on passa à l'exécution. J'écrivis alors à M. Sémerie : « C'est à vous que revient la présidence de la Société positiviste, si M. Magnin s'en démet, puisque M. Robinet l'a refusée en d'autres temps et qu'il est peu probable qu'il l'accepte aujourd'hui. M. Congrève ne peut venir à Paris qu'avec sa famille et pour y tenir un salon. » Après bien des hésitations, M. Congrève, sans doute mieux renseigné sur l'état des esprits et sur la situation française, renonça au rôle qu'il avait d'abord accepté.

Nous avons dit ailleurs ce qu'il eût fallu faire à la mort du Maître. Ses recommandations étaient, en effet, très précises. Si l'on s'y était conformé, on se serait abstenu de se donner un chef, même pour remplir un intérim, et l'on eût attendu des efforts spontanés d'un chacun l'avènement d'un successeur. La Société positiviste et la réunion des exécuteurs testamentaires suffisaient pour empêcher toute dispersion. Mais un préjugé littéraire avait dominé la situation, et c'est autour, non du plus dévoué, comme nous l'avons dit, mais du plus instruit, qu'on crut devoir se rallier (1).

Quand l'insuffisance de M. Laffitte devint assez manifeste pour soulever contre lui toute la famille positiviste,

(1) Il eût certainement mieux valu conférer l'intérim à M. Robinet, à qui je le proposai.

c'était le cas de revenir à ce qui aurait dû être fait quelque
vingt ans auparavant. Dans une lettre écrite au directeur
du Positivisme, et que je chargeai M. Sémerie de lui remettre, je me dégageai de toute dépendance spirituelle à
son égard, en invitant chacun à en faire autant. La retraite
de M. Laffitte aurait été la conséquence d'une protestation
ainsi conduite, et le Positivisme se serait trouvé sans lutte
dans la situation recommandée par Auguste Comte.
M. Sémerie ne crut pas devoir communiquer ma lettre.
Il en fut, m'a-t-il dit, détourné par M. Robinet.

Après cette campagne de protestations qui eut pour
résultat d'humilier M. Laffitte, en le réduisant à demander
d'être pris à l'essai, une sorte d'accalmie se fit dans les
esprits. M. Sémerie, qui avait eu le principal rôle dans
la tentative de restauration, fut rappelé en province.
M. Laffitte, si humble jusqu'ici, démasque ses batteries
Il cherche d'abord à ridiculiser M. Congrève en le présentant comme voulant venir dire la messe à Paris.
Il annonce que, pour répondre aux vœux exprimés, il
va fonder une Revue. Le titre en était tout trouvé, ce fut
celui de la précédente : *la Revue occidentale*. Les lecteurs,
étrangers à tout ce qui s'était passé parmi nous, purent
croire que la nouvelle Revue continuait la première.

Dans le milieu sceptique, nullement dégagé des habitudes révolutionnaires, qui entourait le directeur du Positivisme, la Revue concédée apparut comme une solution.
M. Laffitte se hâte d'en donner la direction à M. le docteur Dubuisson, qu'il détache ainsi de ceux auxquels il
s'était directement associé dans leur campagne d'opposition.

M. Sémerie ne fut plus qu'un brouillon, dont il fallait
se débarrasser. Avec la même légèreté, la même in-
gratitude, qui règne dans tout mouvement où la pas-

sion se qualifie de conviction, il fut abandonné de tous. On oublia ses services passés, ce ne fut plus l'écrivain puissant dont la plume avait si souvent servi à M. Laffitte pour s'adresser au public; on crut pouvoir se passer de son concours et le directeur du Positivisme, méconnaissant toutes les convenances, perdant toute dignité, se livra à son égard à d'inqualifiables insinuations.

Voilà le chef autour duquel se rallièrent pour la seconde fois les prétendus continuateurs d'Auguste Comte.

Une semblable conduite ne pouvait qu'exciter le dégoût et l'indignation, parmi les quelques rares disciples qui restaient fidèles aux grandes traditions d'honneur et de dignité de leur Maître. La rupture fut, à partir de ce moment, complète, définitive, sans espoir de rapprochement ultérieur. La diversité des natures qui s'étaient trouvées passagèrement rapprochées, sous la puissante autorité d'Auguste Comte, élevait désormais entre les deux camps une barrière infranchissable. C'est ce que comprit très bien M. le docteur Robinet, avec le sens pratique très droit qu'on ne saurait lui contester.

Qu'on me permette à cet égard de citer quelques mots d'une conservation, que j'eus à Londres, peu de temps après la scission, avec une dame, qui, sans être positiviste, s'intéressait, un peu à la façon anglaise, à tout ce qui se passait parmi nous. Elle dépeint très nettement la situation. « D'où vient, me demanda-t-elle, que des hommes qui ont marché jusqu'ici dans la plus parfaite union, qu'aucune dissidence dogmatique, au moins apparente, ne sépare, sont arrivés à se faire une si rude guerre, à se déchirer, comme des ennemis implacables? » Je m'efforçai de montrer les diverses phases d'une lutte récente et de faire comprendre à mon aimable interlocutrice à quel point le véritable esprit du Positivisme était méconnu de ceux qui

s'en disaient les propagateurs, combien les grandes aspirations religieuses du Maître avaient été peu comprises
par eux et les avaient peu touchés. Je fus interrompu
avant d'avoir fini. «Il n'est point nécessaire, me dit-elle,
de vous étendre davantage; je suis maintenant à me
demander comment vous avez pu marcher si longtemps
ensemble, comment la diversité de vos natures qui se
révèle pour moi dans les moindres mots de cette commu-
nication n'a pas amené plus tôt une rupture qui me
paraît devoir être irrévocable. » L'instinct féminin avait
trouvé le véritable mot de la situation. La diversité des
natures rapprochées passagèrement, sous une puissante
autorité, rendait, en effet, inévitable un déchirement,
qui, quelque regrettable qu'il pouvait être, devait tôt ou
tard se produire. Au point de vue politique, plutôt que
social, on avait toujours marché ensemble, il est vrai ;
mais, lorsque le cours des événements rendit une explica-
tion nécessaire, la dispersion s'ensuivit naturellement.

Les lacunes ne rapprochent pas, a dit Auguste Comte,
aussi verrons-nous bientôt la masse en apparence si com-
pacte, qui entoure M. Laffitte, se diviser à son tour par
l'effet des dissidences naturelles et des rivalités qui se
produiront inévitablement dans son sein.

Après le succès qu'il vient d'obtenir, M. Laffitte ne se
possède plus. Il déclare hautement que le pouvoir appartient à celui qui l'exerce. Un grand pape a pu parler de
la même façon, mais c'était pour le compte d'un autre.
Il ne fut plus question de se mettre à l'essai; M. Laffitte se
proclame second Grand Prêtre de l'Humanité, successeur
direct d'Auguste Comte. Il ne songeait pas, sans doute,
qu'il mettait dans une triste situation ceux de ses adhérents
qui l'avaient naguère déclaré insuffisant. Mais les com-
promissions avec la dignité s'imposent en pareil cas : il

fallait tout sacrifier à l'union, disait-on de toutes parts.
Bien des papes n'avaient-ils pas été insuffisants et même
indignes qu'on n'avait pas moins acceptés et suivis dans
un intérêt commun.

Mais M. Laffitte avait été exclu par un testament formel
de la succession d'Auguste Comte; il fallut bien le relever
de ce jugement. On entre alors dans la voie du mensonge,
et les plus fervents adhérents du nouveau Grand Prêtre
de déclarer qu'à son lit de mort, Auguste Comte était
revenu du jugement qu'il avait porté sur son plus ancien
disciple. « Après trois tentatives successives, avait dit
le Maître, j'ai dû renoncer à l'espoir de me donner un successeur. Je dois laisser ce soin aux efforts de mes dignes
disciples. » Il fallait donc concilier cette déclaration avec
le prétendu retour du Maître à d'autres idées sur son ancien disciple. M. Laffitte mieux que personne connaissait ceux qu'Auguste Comte avait voulu désigner; il laissa
cependant affirmer qu'il avait eu en vue trois person-
nages connus, dont les rapports avec lui pouvaient jusqu'à un certain point donner à ce mensonge quelque
apparence de vérité. Mes relations d'amitié avec M. Laffitte m'avaient jusqu'ici fait une sorte de devoir de garder
pour moi certaines paroles que j'avais recueillies de la
bouche du Maître expirant sur le compte de son prétendu
successeur. On voulait légitimer par le mensonge une
usurpation de pouvoir, je n'hésitai pas à faire connaître
la vérité. Je ne répéterai pas ce que j'ai dit ailleurs (1).

Mais poursuivons : M. Congrève s'était trouvé en désaccord quelques années auparavant sur quelques points
de discipline, avec plusieurs écrivains anglais fort connus dans le monde littéraire; M. Laffitte avait dû se

---

(1) Voir l'opuscule : *Après la légende, l'histoire*

prononcer sur le différend, et s'était rangé du côté de M. Congrève. Après la rupture, il se hâte de rallier ces dissidents à son parti et accepte d'eux la mise de fonds dont il a besoin pour fonder sa Revue.

Toutes ces manœuvres ne restèrent pas sans protestation de la part des quelques disciples restés fidèles à la parole du Maître. Ils se croient pour le moins obligés de rétablir les faits et de rappeler aux traditions méconnues ceux qu'ils croient susceptibles de se rendre à la voix de la vérité. M. Laffitte ne répond rien aux accusations les plus blessantes pour sa dignité; il croit pouvoir les étouffer sous le silence et les déclare sans portée. Dans sa circulaire annuelle, il se contente de dire qu'un schisme s'est produit au sein du Positivisme; qu'il n'y a pas lieu de s'y arrêter, que toutes les religions ont eu leurs schismes. Il fait proposer l'exclusion des schismatiques de la Société positiviste, et c'est M. Magnin, président de cette Société, M. Magnin qui a marché avec eux quand les premières protestations se sont produites, qu'il charge de cette exécution.

La déviation intellectuelle où M. Laffitte a engagé le Positivisme et à laquelle s'associent inconsciemment tous ceux qui l'entourent constitue, on ne peut le contester, un danger grave pour l'avenir de la nouvelle doctrine, dont elle altère et l'esprit et la sentimentalité. Bien que peu nombreux et pour la plupart éloignés de Paris, les disciples, qui se considèrent à bon droit comme les dépositaires des saines doctrines de leur Maître, croient devoir faire un dernier effort, pour constituer un nouveau centre de propagande. Des difficultés matérielles, dont ils n'avaient pas suffisamment tenu compte, les mirent bientôt dans l'impossibilité de donner suite à leur tentative, surtout lorsqu'ils durent renoncer à une subvention anglaise sur laquelle ils avaient compté.

M. Laffitte, qui a déclaré, comme nous l'avons dit, qu'il n'y avait pas lieu de s'occuper davantage de ceux qu'il avait qualifiés de schismatiques et de brouillons, vient, dans une de ses dernières conférences de la Sorbonne, où le Positivisme, soit dit en passant, se trouve désormais en compagnie des représentants les plus autorisés du pédantisme académique, M. Laffitte vient, dis-je, de juger à sa manière la tentative avortée de la rue Jacob. « Personne n'ayant suivi ces prétendus continuateurs d'Auguste Comte, a-t-il dit, donc leur tentative ne répondait à aucun besoin et se trouve par cela même jugée. »

Un mot sur cette tentative de la rue Jacob. M. Congrève avait pensé que la meilleure manière de revenir aux traditions religieuses d'Auguste Comte était de tenter à Paris ce qu'il faisait avec plus ou moins de succès, depuis quelques années, à Londres. Telle ne fut point mon opinion ; mais, par condescendance pour lui, je consentis à faire quelques conférences, le dimanche matin, dans un local loué à cet effet. Elles devaient s'adresser à tous ceux qui, sans être positivistes, avaient montré quelque sympathie au Positivisme. Après quelques semaines d'essai, il fut bien évident pour nous que ce qui avait pu, jusqu'à un certain point, convenir à Londres, dans un milieu protestant, ne pouvait trouver que des indifférents à Paris. Je dus, en conséquence, revenir à ce qui m'avait paru d'abord plus pratique et plus conforme aux exigences de la situation française. C'était d'ailleurs se conformer à ce qui avait été fait antérieurement par le Maître lui-même, avant que l'avènement de la dictature impériale eût paralysé l'action de la Société positiviste. Par nos écrits, par nos publications de toutes sortes, par nos réunions fraternelles, nous pouvions assez maintenir le caractère religieux du Positivisme, pour que la filiation avec le Maître ne fût point rompue; d'une autre part, par la fondation d'une Société positiviste, dont M. Sémerie devenait naturellement le chef, nous nous mettions en mesure de fournir des conseils à nos gouvernants, des guides à l'opinion, et de préparer, conformément aux vœux si nettement exprimés par Auguste Comte, une pleine séparation entre le spirituel et le temporel. C'est ce double programme que j'ai développé en divers discours prononcés au lieu habituel de nos réunions. Ces divers discours furent plus tard réunis en un opuscule, sous ce titre : *Le Positivisme des derniers temps.* A cette publication, je joignis quelques extraits de ma correspondance avec le Maître. Sa pensée ultime s'y manifestait dans toute son évidence et sa plénitude.

Cette publication fut l'objet d'une critique de la part de certains journaux de Paris. A travers les railleries habituelles du journalisme, il était facile de reconnaître que personne n'y méconnaissait notre véritable filiation avec Auguste Comte.

Notre tentative s'arrêta, après quelques mois, ai-je dit, lorsque la subvention anglaise nous manqua. Dans l'opuscule que j'avais publié pour placer le Positivisme à la hauteur où il s'était élevé dans les plus récents écrits du Maître, et pour mieux montrer toute la distance qui nous séparait de ses prétendus disciples, j'en résumais l'ensemble dans l'utopie où le grand novateur se pose hardiment en continuateur de ses deux plus grands prédécesseurs catholiques. M. Congrève me déclara que, tout en acceptant l'utopie de la Vierge-Mère, il regrettait que j'en eusse parlé, que sa petite Église pourrait en être choquée, qu'il eût mieux valu, pour le faire, que j'attendisse qu'il y eût préparé son entourage. C'était subordonner la marche du Positivisme à certaines convenances britanniques. La recommandation d'Auguste Comte était cependant bien formelle. Je la rappelais dans une de ses lettres annexées à mon opuscule. « Je vous engage, m'écrivait-il, à présenter le Positivisme comme directement résumé par l'utopie de la Vierge-Mère, qui doit nous rendre plus spécialement attentifs tous les dignes catholiques des deux sexes. » Je dois faire remarquer en passant que l'utopie positive reçut plus tard un tout autre accueil au Brésil et au Chili. Les oreilles catholiques y sont, je le suppose, aussi chastes que les oreilles protestantes de Londres.

Il me fut prouvé, par la déclaration de M. Congrève, que la tentative que nous avions entreprise en commun pouvait se trouver altérée par une dépendance matérielle trop grande à l'égard du milieu britannique, et que l'acceptation d'une subvention anglaise pouvait tôt ou tard compromettre ma liberté spirituelle ; je dus, en conséquence, y renoncer. M. Laffitte, qui nous tourne en ridicule en Sorbonne, a-t-il conservé la même indépendance à l'égard de ses riches souscripteurs anglais ?

Le directeur du Positivisme est triomphant, tout semble lui sourire désormais ; il a éloigné ou écarté tous ceux qui pouvaient lui faire opposition ou lui porter ombrage ; ses amis d'Angleterre font tous les frais de sa Revue ; il a deux collaborateurs qui vont l'aider à répandre au loin sa parole ; il a promis de faire quelque chose, il est à l'œuvre, il tiendra parole, il agira.

Son premier soin, en conséquence, est d'occuper son personnel. Il peut désormais revenir librement à ses premiers projets. Il fait de toutes parts ouvrir des cours ; tous ceux qui peuvent parler ont mission de traiter un point du programme qu'il a arrêté. La matière positiviste est dépecée ; chacun, suivant ses aptitudes, en développera telle ou telle partie. Grâce aux puissants amis qu'il s'est faits, par d'heureuses concessions, parmi ceux qui entourent le grand homme du moment, il voit s'ouvrir devant lui les portes de la Sorbonne. Son assurance n'a plus de bornes, il va remplir les lacunes qu'a laissées l'œuvre du Maître, il en signalera les parties défectueuses. Auguste Comte a pu se tromper sur les véritables exigences de la situation; il est certaines mesures qu'il croyait d'une application immédiate, il faut savoir attendre. Quoique légitimes, elles sont encore inopportunes; telle la séparation du spirituel et du temporel; telle la suppression du corps enseignant.

On ne détruit que ce qu'on remplace, a dit le Maître; il faut créer un personnel de professeurs pour remplacer ceux qu'on veut écarter; ce personnel, M. Laffitte va travailler à le former. Parmi ses jeunes disciples, — il est devenu maître, — il en est qui sont de grand avenir, mais ils ne sont pas encore prêts. M. Littré a été chargé d'enseigner l'histoire à l'École Polytechnique, pourquoi ne le chargerait-on pas d'une mission semblable? quelle influence n'exercerait-il pas sur l'élite de la jeunesse française? Auguste Comte a prêché le respect des civilisations retardées; ses patrons politiques rêvent un empire colonial; mais, en bien les dirigeant, on pourra utiliser leurs tendances pour amener plus tôt les populations arriérées dans les voies du progrès. Auguste Comte a aussi recommandé l'alliance des grands centres, sous la présidence de Paris, pour préparer l'avènement d'une dictature républicaine et hâter l'extinction du parlementarisme. Paris est profondément anarchique, il n'y a plus à tenir compte de ses aspirations. N'a-t-il pas repoussé M. Gambetta, le héros de M. Laffitte, après bien d'autres ? N'a-t-il pas flétri M. Ferry, l'homme du mensonge et des fausses dépêches, mais l'introducteur de M. Laffitte en Sorbonne ?

Le directeur du Positivisme a fait avant la scission une série de conférences d'un grand intérêt, comme érudition, sur les grands types du calendrier concret. A cette époque, on commençait à s'apercevoir que le Positivisme perdait tout caractère religieux. J'eus alors l'idée de dire à M. Laffitte que je tenais d'Auguste Comte que si le Panthéon lui était un jour accordé, il y inaugurerait le culte de l'Humanité par la commémoration de ses grands types; je l'engageai à consacrer chaque dimanche à la célébration du personnage correspondant. Il avait là l'occasion de donner satisfaction à certaines aspirations. Après quelques séances d'un grand intérêt, nous aimons à le redire, sa nature toute spéculative reprit bientôt le dessus. Au lieu de poser les bases d'une commémoration sociale, qui aurait pu être imitée par d'autres et préparer l'avènement du culte public, quand le moment en serait venu, il se lança en dissertations, qui ne justifiaient que trop l'avertissement du Maître, qu'on peut faire de l'académisme, même en sociologie et en morale.

Le cours de philosophie première qui fut entrepris, dans les mêmes dispositions d'esprit, manque également le but. Destiné à inaugurer l'initiation encyclopédique des jeunes disciples de l'Humanité, la philosophie première ne peut être instituée que sous une consécration religieuse, indispensable pour prémunir l'esprit contre les dangers auxquels le cœur va se trouver exposé pendant les sept années que durera l'apprentissage théorique. Elle institue les principes universels sur lesquels repose le dogme positiviste, en présentant, en quinze grandes lois, l'ensemble des inductions qui se dégagent d'une longue investigation, tant abstraite que concrète, à laquelle a concouru l'Humanité tout entière pour prendre possession d'elle-même et du double milieu physique et social, où va se perpétuer sa providentielle existence.

Rien ne comportait davantage le caractère religieux que cette initiation. Le directeur du Positivisme n'a cherché, en exposant les quinze lois qui la constituent, que l'occasion de montrer par quelle suite d'inductions Auguste Comte est arrivé à les instituer. Son immense érudition le lui permettait sans doute; mais il ne faut pas méconnaître qu'elles étaient en grande partie indiquées dans l'œuvre entière, tant philosophique que scientifique et religieuse du grand philosophe. Une telle exposition exigeait sans doute de profondes méditations; mais M. Laffitte n'a point institué la philosophie première, comme on s'est complu à le répéter autour de lui.

Il a traité, dans ses différents cours, de la morale théorique et de la morale pratique dans le même esprit qu'il a traité de la philosophie première. Il est des sujets auxquels il n'est pas permis de toucher. C'est ce que sentait très bien M. Laffitte, lorsqu'il déclarait, peu de temps après la mort d'Auguste Comte, que la perte des deux traités de morale équivalait à un désastre public et qu'une pareille lacune dans l'œuvre du grand philosophe ne serait de longtemps comblée. Les lecteurs du premier volume de la *Synthèse subjective*, le seul de cette œuvre sans antécédents qui ait échappé à la mort, comprendront sans peine combien M. Laffitte avait raison. La *Synthèse subjective* était le couronnement d'une grande carrière et avait pour but d'arrêter définitivement la sentimentalité propre à l'état normal de notre espèce, en même temps qu'elle fixait la transformation qui doit s'opérer dans l'entendement pour sortir enfin de l'absolu, où l'on s'est en quelque sorte traîné jusqu'ici sous nos trois états préparatoires : théologique, métaphysique et scientifique. Dans cette œuvre capitale, la raison humaine s'élève à la relativité définitive, qui implique la prépondérance constante du cœur sur l'esprit. C'est dans le tome relatif à la morale théorique qu'allait s'opérer cette grande transformation, indiquée seulement dans l'introduction de la *Synthèse subjective*. Suivant les propres paroles du Maître, le dogme allait s'y réunir au culte, afin de systématiser le régime.

Sans nul doute, M. Laffitte peut parler de toutes choses ; son immense érudition le lui permet ; mais les auditeurs sérieux de ses deux derniers cours ont dû s'apercevoir souvent qu'il n'y a fait que déflorer une matière où personne ne peut espérer encore de suppléer le Maître. Nulle part, dans ses nombreuses expositions, la nature anti-sacerdotale, anti-religieuse du prétendu directeur du Positivisme ne s'est autant manifestée que dans les leçons qu'il a consacrées à la morale théorique et pratique.

Le point de vue religieux a, en effet, complètement disparu ici. Quoique l'on trouve évidemment dans l'œuvre d'Auguste Comte toutes les matières qu'il se proposait de développer dans les deux volumes qu'il allait consacrer à la morale, il ne leur fallait pas moins une nouvelle coordination, à laquelle M. Laffitte n'a pu s'élever. « Le traité que j'achève, dit le Maître, contient tous les principes fondamentaux de celui que j'annonce, mais sans pouvoir dispenser de leur élaboration systématique » (*Pol. pos.*, t. IV, p. 234). Si le professeur de la Sorbonne avait suffisamment médité l'introduction à la *Synthèse subjective*, il aurait vu combien était prématurée sa tentative. Il y a là, en effet, toute une création, qui allait trouver une application et des développements dans les traités annoncés. La grande Trinité positiviste : l'Espace, la Terre, l'Humanité, avec ses annexes naturelles, préparait une transition facile du dogme au culte, tandis que l'utopie de la Vierge-

Mère, en montrant la limite extrême des perfectionne-
ments auxquels peut prétendre notre nature, offrait à la
fois à notre contemplation une image, où venait se condenser la religion tout entière, ainsi qu'un résumé synthétique de tout le savoir humain (1).

L'incorporation du fétichisme au Positivisme en in-
vestissant ensuite le cœur de la suprématie finale, tant
morale que mentale, établissait un lien naturel entre
les conceptions des divers âges de la vie, de façon à affer-
mir la grande notion de la continuité. On se trouvait pré-
servé de la sorte, de renier ou de rejeter dans la maturité
de la vie tout ce qui, dans notre enfance individuelle, a
pu servir de stimulant à nos sentiments, d'aliment à notre
esprit et de but à notre activité. Rien de semblable n'a pu
se réaliser depuis nos débuts fétichiques.

M. Laffitte a certainement vu tout cela dans l'œuvre
dont il s'est nourri, autant que qui que ce soit; mais sa
nature, réfractaire à toutes les choses de sentiment, l'a
arrêté sur le seuil du temple. Pour le décider à y pénétrer,
il lui fallait ce qu'il n'a jamais eu, l'enthousiasme religieux.
Dépourvu de vénération, sceptique et railleur par sa
nature, il eût été mal à l'aise dans le sanctuaire où se
trouve réunie la sainte phalange des trépassés, de tous
ceux qui n'ont cessé de croire et d'aimer.

Si j'accomplis ici un bien triste devoir, loin de moi,
cependant, toute idée de vouloir contester la haute valeur
intellectuelle et le profond savoir d'un homme que j'ai trop
aimé, pour ne point connaître, peut-être mieux que tous
ceux qui l'entourent, ce qu'on pouvait attendre de lui. Son
regrettable avortement ne rappelle que trop la rigoureuse sentence prononcée par son Maître sur la tombe de

----

(1) M. Laffitte a remplacé cette trinité par la sienne : le Destin, la Terre,
l'Humanité.

l'un des deux éminents penseurs à qui il a dédié son œuvre fondamentale.

« Blainville n'a point aimé, a-t-il dit, aussi n'a-t-il qu'imparfaitement répondu aux espérances que sa puissante organisation autorisait à concevoir de lui. » M. Laffitte n'a rien donné au cœur, il a tout sacrifié à l'esprit. Une vanité, longtemps dissimulée, a enfin étouffé les germes des plus éminentes facultés.

Mais revenons sur nos pas ; nous avons laissé M. Laffitte triomphant après la scission, entouré d'adhérents nombreux, maître enfin de la situation. Chacun semble animé d'une nouvelle ardeur, chacun veut faire preuve de bonne volonté ; des conférences, des cours de toutes sortes, avons-nous dit, doivent porter au loin les doctrines du Maître. La Revue nouvelle paraît prospère ; pour lui donner plus d'intérêt, on y fait publier quelques œuvres inédites d'Auguste Comte. Un testament formel interdit cependant la publication de ces œuvres, M. Laffitte croit pouvoir passer outre. Dans cette transgression aux volontés du Maître, il y a sans doute, de la part du directeur du Positivisme, un acte irrévérencieux, mais il y a aussi un fait d'une haute gravité. « J'ai dû professer et même écrire, m'écrivait le Maître, le cours de philosophie positive, je ne devais pas le publier, sauf à la fin de ma carrière, à titre de pur document historique, avec mon volume personnel de 1864. La préparation qu'il accomplit m'était réellement indispensable ; mais je devais et pouvais l'éviter au public, où la marche du Positivisme eût certainement été plus ferme et plus rapide, si je ne m'étais directement manifesté que par la *Politique positive* après ma régénération morale. »

Auguste Comte, vivant toujours au grand jour, suivant sa recommandation constante, n'avait pas sans doute à cacher ses productions quelconques ; elles ne pouvaient être que bien accueillies du public, ne fût-ce qu'à titre de documents historiques. Mais sa grande préoccupation, comme on peut le voir dans l'extrait de la correspondance que je viens de citer, était d'empêcher que la lecture de ses premiers travaux, où le point de vue intellectuel lui semblait trop régner, ne détournât de sa construction religieuse. M. Laffitte, qui est toujours resté au point de vue spéculatif, ne pouvait comprendre cela; mais plus de respect pour la mémoire de son Maître et sa qualité de président de ses exécuteurs testamentaires auraient dû le détourner d'un acte qui sera un jour sévèrement jugé, surtout quand on en connaîtra mieux le motif.

L'ébranlement positiviste est assez grand pour amener à M. Laffitte de nouveaux adhérents; parmi les derniers venus sont des natures jeunes, ardentes, qui ne se contentent pas d'écouter, qui veulent agir. La lecture du Maître, si peu répandue parmi les disciples de M. Laffitte, ne les effraye pas, ils y cherchent des inspirations. Tous sont issus d'un milieu catholique; quoiqu'ils aient traversé la phase révolutionnaire, ils n'en ont été en quelque sorte qu'effleurés. Le Positivisme ne tarde pas à leur apparaître sous son vrai jour; ils y voient la réalisation des grandes aspirations du passé; c'est le problème posé par le grand novateur chrétien, que reprend pour eux Auguste Comte, en d'autres conditions de temps et de lieu, avec une puissance de génie à nulle autre comparable. Pour eux Aristote et saint Paul sont en lui vraiment combinés. Leur confiance dans le prétendu continuateur d'Auguste Comte reste cependant sans bornes; ils ne lui marchandent pas leur concours, leurs diverses productions en font foi. S'ils ont constaté quelques notes dissonantes dans son enseignement, leur vénération n'en a tenu compte.

On les charge bientôt de l'apostolat de l'Humanité au
delà des mers. Là, ils sont bientôt entourés d'hommes
jeunes et ardents, comme eux, dont les sophismes scientifiques n'ont point altéré le cœur, qui ont conservé les
grandes traditions et l'enthousiasme d'un autre temps.
Livrés à eux-mêmes, car le directeur du Positivisme
n'écrit jamais, ils ne peuvent que revenir à l'enseignement
du Maître et le prendre pour guide. L'accord ne pouvait,
en ces conditions, être de longue durée entre celui qui se
qualifiait Grand Prêtre de l'Humanité et ses nouvelles
ouailles ; l'un s'éloignant de jour en jour davantage de la
source, les autres cherchant à s'en rapprocher.

La déviation intellectuelle du prétendu chef se manifeste
enfin aux nouveaux venus, comme elle s'était déjà manifestée à ceux qu'il avait flétris, sous la qualification de
schismatiques. Les derniers échos de la dernière lutte
retentissaient encore ; aucune illusion n'était plus possible.
Une nouvelle scission ne tarda pas à se produire, elle fut
aussi radicale que la première et la rupture fut également
définitive. Mais ce n'est pas à moi à raconter ce que
MM. Lemos et Lagarrigue ont si dignement exposé à leurs
anciens coreligionnaires. La même diversité de nature
qui avait suscité la première scission se manifestait de
nouveau de part et d'autre.

Nous l'avons déjà dit, le mouvement positiviste est encore trop peu apparent, le grand public est encore trop
indifférent à ce qui se passe parmi nous, pour qu'il se
préoccupe de nos déchirements intérieurs. M. Laffitte a
pour lui le nombre, la grande puissance du moment ; il
se contente de la consécration qu'il en tire. Aussi qu'on
ne se fasse aucune illusion, sa situation, tout équivoque
qu'elle est, peut durer encore assez pour nous créer de
nouveaux embarras. Il ne reviendra pas sur ses pas ; il

ne sera touché, ni par la gravité de notre état social, ni par le retard qu'il apporte à la propagande d'une doctrine que tout semble réclamer. Ceux qui l'entourent ont d'ailleurs tout intérêt à le maintenir à leur tête.

Cependant, quelques symptômes assez significatifs semblent faire croire, qu'il n'a plus la même confiance en lui-même et même que quelques-uns de ses adhérents semblent réfléchir sur la position difficile où il les a placés vis-à-vis du public. Quelque violente qu'ait été la lutte qui a divisé la famille positiviste, on ne peut dire que la bonne foi n'ait été toujours que d'un côté. Si la diversité des natures a été la principale cause de la scission survenue, il faut cependant admettre que les partisans de M. Laffitte n'ont pas été tous mus par les mêmes passions. Ceux qui ont cru qu'il fallait tout sacrifier à la nécessité de l'union, sans trop se demander si elle était possible, ont dû certainement faire de cruelles réflexions quand ils ont enfin reconnu l'impossibilité de la maintenir même parmi eux et que la conduite de leur chef la rendait plus précaire que jamais. Leur honnêteté a dû naturellement se révolter en le voyant s'engager dans la voie où il est fatalement lancé aujourd'hui. Ils ne peuvent admettre, nous en sommes convaincu, que, pour se défendre, tous les moyens soient bons et qu'il soit permis de recourir même au mensonge. C'est à cette réaction toute naturelle, à laquelle d'honnêtes natures devaient arriver, que nous devons attribuer la retraite de plusieurs des principaux auxiliaires de M. Laffitte. Ne se sentant pas de dispositions à suivre leur ancien chef sur le terrain où il s'est placé, on doit leur savoir gré de s'être séparés de lui, quoiqu'ils n'aient pas encore rendu publique leur rupture.

Mais c'est dans la dernière circulaire du directeur du Positivisme que s'accuse le plus nettement le trouble auquel son esprit paraît être en proie, ainsi que le désarroi qui existe autour de lui. Sa sérénité habituelle ne s'y retrouve plus; il semble douter de l'avenir; à l'ironie, son arme ordinaire, il ajoute l'insulte, lui habituellement si prudent. Si l'unité positiviste est rompue, c'est aux dissidents de 1877, à ceux qui ont violemment brisé avec leurs confrères, qu'il faut laisser la responsabilité de tout ce qui est survenu et peut encore survenir. Je comprends les regrets de M. Laffitte, car c'est au maintien de cette unité qu'on a tout sacrifié, il y a huit ans, et qu'on a maintenu un chef alors unanimement reconnu insuffisant et réduit à demander qu'on le prît à l'essai. Aujourd'hui, cette unité paraît plus que jamais compromise; de nouvelles et nombreuses dissidences ne cessent de se produire, et le chiffre du subside, réputé sacerdotal, ainsi que le nombre des souscripteurs, sont en décroissance : quatre-vingt-quatre souscripteurs, tant Français qu'Anglais, font défaut.

Voici comment M. Laffitte apprécie l'action dissolvante qu'il attribue à ses adversaires; nous citons ses propres paroles : « Deux influences ont été surtout sensibles dans cette lutte intime et prolongée. La première est résultée du côté mystique que l'on a voulu inculquer à une doctrine qui *doit faire prévaloir surtout la raison* éclairant le sentiment dans la direction des affaires privées et publiques. Ceux qui ont participé à ce mouvement l'ont fait surtout consister non pas à développer pour eux-mêmes le culte privé, ce qui échappe à toute vérification, mais bien à attaquer la direction centrale avec un acharnement sans limites; de manière à bien montrer expérimentalement au public que l'altruisme mystique consiste surtout à ne pas traiter les autres avec modération et convenance, mais bien à répéter les formules sentimentales que l'on pratique le

3

moins. L'autre influence est venue surtout de la disposition à accepter, d'une manière à mon avis trop absolue,
les prévisions comme les conseils pratiques d'Auguste
Comte; je dis trop absolue, car Auguste Comte, dans sa
carrière, a souvent changé de conseils, ce qui est une
preuve de haute sagesse, et ses prévisions ont été souvent
infirmées, ce qui n'a rien d'étonnant dans l'application
d'une science aussi nouvelle et aussi abstraite que la sociologie. »

M. Laffitte accuse de tendances mystiques ceux qui ont
cessé de marcher avec lui. Mais il vient de faire publier le
testament de son Maître, sa correspondance avec sa sainte
compagne, dont le nom, soit dit en passant, n'est jamais
venu sous sa plume, ses prières, ses confessions annuelles.
Ce volume sous les yeux, nous demandons à ceux qui
l'ont lu, si le reproche de tendance au mysticisme, que
M. Laffitte adresse à ses adversaires, ne devrait pas re-
monter au Maître lui-même. Ce n'est pas, d'ailleurs, la
première fois qu'on fait au Positivisme le reproche de
tomber dans le mysticisme, le directeur du Positivisme n'a
fait en cette occasion que répéter ce qui a été dit en dehors
du groupe qu'il dirige, dans une intention malveillante.

« La nouvelle doctrine, nous citons encore, *doit surtout
faire prévaloir la raison* éclairant le sentiment, dans la
direction des affaires privées et publiques. » L'homme
spéculatif se dévoile tout entier dans cette sentence. Nous
avions cru, sur la parole du Maître, que la nouvelle doctrine devait surtout faire prévaloir le sentiment et ne faire
appel à la raison que pour résoudre les questions posées
par lui. Le passage de l'*Imitation* choisi par Auguste Comte
pour épigraphe du premier volume de la *Synthèse subjective*, ne nous paraît laisser aucun doute sur sa pensée :
Omnis ratio et naturalis investigatio fidem sequi debet, non

precedere nec infringere. Fides, monsieur Laffitte, c'est l'amour, et vous ne nous semblez pas avoir été souvent disposé à lui laisser poser les questions.

L'altruisme mystique de vos adversaires, dites-vous, consiste à ne pas traiter les autres avec modération et convenance. Ceux que vous accusez ainsi peuvent ouvrir leur vie tout entière à vos investigations. Parmi leurs concitoyens, dans leurs rapports avec leurs inférieurs et leurs supérieurs, on ne leur a jamais reproché de leur avoir manqué, ni d'égards, ni de bonté, ni de respect. Peut-on en dire autant de tous ceux qui vous entourent? Leurs rapports entre eux ont-ils toujours été vraiment fraternels? Que de choses n'avez-vous pas eu à étouffer! Si vos adversaires sont susceptibles d'enthousiasme, d'exaltation sentimentale, car c'est en cela que consiste un peu le mysticisme, ne soyez pas étonné qu'ils soient aussi susceptibles d'indignation et de dégoût.

Vous leur reprochez encore la disposition à accepter d'une manière trop absolue les prévisions et les conseils pratiques d'Auguste Comte. Ils pourraient, sans doute, se donner un autre modèle, mais ils se sont contentés de celui-là. Personne parmi eux n'a jamais cru que, faute de renseignements, Auguste Comte n'ait pu se tromper dans ses prévisions et qu'il n'ait parfois modifié ses conseils. Le langage que vous tenez ici nous paraîtrait naturel et sans danger, si vous aviez toujours respecté la pensée de votre Maître, si vous n'aviez pas, à votre gré, souvent altéré ses recommandations pratiques ou théoriques les plus précises. Venant de vous, ce langage ne saurait constituer qu'une gratuite accusation contre ceux qui se sont toujours efforcés de se rapprocher le plus possible de leur auguste modèle. On y voit encore une manière de vous disculper vous-même.

Après ces diverses explications sur l'opposition qui lui est faite, M. Laffitte déverse toute sa bile et son mépris sur les chefs des deux groupes brésilien et chilien. Il veut bien reconnaître, dans ceux qui se sont éloignés de lui en 1877, une certaine valeur *effective* et des services antérieurs. Quant aux nouveaux schismatiques, il ne trouve en eux que du verbiage, de l'affectation religieuse, et ne leur reconnaît finalement aucune valeur mentale. Une vanité naïve chez l'un, chez l'autre l'amertume d'un avortement précoce : tels sont les seuls mobiles de leur opposition.

Plus loin, dans un pathos assez difficile à suivre, M. Laffitte parle d'une sorte d'*hypocrisie spéciale*, qui atteint ordinairement les *natures mentalement secondaires et animées d'une vanité maladive.*

Le directeur du Positivisme n'a pas toujours parlé de la sorte des deux jeunes gens qu'il envoyait jadis au delà des mers prêcher la Religion de l'Humanité. Ils ont déjà répondu à ses invectives et ne s'affectent guère de l'opinion qu'il peut avoir d'eux aujourd'hui. Mais une accusation d'une sorte d'hypocrisie spéciale, qui semble s'étendre à l'ensemble de ses opposants, est assez plaisante dans la bouche de M. Laffitte. S'est-il lavé de l'accusation de mensonge portée contre lui par M. Lemos ? Est-il d'ailleurs bien sûr qu'autour de lui on croie aveuglément à la sincérité de ses accusations ? Ne l'avons-nous pas vu, il y a quelques années, pousser deux de ses acolytes à propager l'invention d'un prétendu retour d'Auguste Comte à une appréciation de son caractère, tout autre que celle que nous trouvons dans son testament ? Ces mêmes acolytes, comme nous l'avons montré, n'ont-ils pas cherché à trouver des noms aux trois successeurs avortés, qu'avait eus successivement en vue Auguste Comte ? M. Laffitte ne savait-il pas qu'il était de ces trois ? Qu'il ose affirmer le contraire ! Qu'il cesse donc de parler d'hypocrisie spéciale ou générale. Nous aurions encore long à lui dire sur ce sujet, pour son édification et pour celle de ses disciples, et pas un de ses anciens amis, nous osons l'affirmer, ne se lèverait pour le défendre.

Je me suis imposé la rude tâche de répondre à la circulaire de M. Laffitte, il faut que j'aie le courage d'aller jusqu'au bout.

Le directeur du Positivisme se croit obligé de relever certaines aberrations mystiques absolument contraires aux vraies tendances du Positivisme.

Voyons comment il s'y prend et quelle est son appréciation de l'utopie positiviste de la Vierge-Mère, qui donne lieu à ces sortes d'aberrations.

Je citerai encore ses propres paroles : « Au fond, elle (l'utopie en question) doit être conçue comme ayant pour but essentiel de systématiser les efforts scientifiques des diverses recherches relatives aux relations du moral et du physique, c'est-à-dire du cerveau et des appareils de la vie organique. L'utopie de la Vierge-Mère n'est qu'une limite idéale indiquée à de tels efforts. Conçue de cette manière, elle constitue une très belle construction philosophique, elle est, en effet, dans la direction du mouvement scientifique actuel dont les efforts spéciaux portent sur la vie organique dans ses rapports avec le système nerveux. Auguste Comte n'a donc fait que systématiser le mouvement naturel de l'évolution scientifique en biologie. »

Plus loin : « On peut discuter sans doute sur son opportunité ; mais on ne peut nier, à mon avis, sa légitimité. Mais si, prenant cette *utopie philosophique*, qui ne peut être maniée convenablement que par de puissants esprits, vigoureusement cultivés, on en fait une sorte de dogme donnant lieu simplement à des litanies pleines d'effusion à la suave Vierge, on ne présente alors réellement au public qu'une parodie de la sainte Vierge des catholiques. Et, du reste, on a, à ce sujet, les litanies de cette dernière qui me paraissent parfaitement suffisantes pour ceux qui éprouvent ou paraissent éprouver un tel besoin. Ces litanies, expression d'un long passé, ont alors une sincérité et même peut-être une efficacité qui ne peuvent être attribuées à une parodie aussi ridicule. Il est certain que de telles manifestations n'ont auprès du public qui les ignore aucune action sérieuse; mais elles nuisent certainement au groupement positiviste. Et, si elles arrivaient à être prises au sérieux par l'attention publique, elles nuiraient incontestablement au Positivisme, en le présentant comme une sorte de systématisation d'infirmités hystériques qui sont tombées dans un mépris justement mérité, et dont les hommes d'État du catholicisme ont tendu, autant que possible, à se dégager. »

Voilà tout ce que trouve à dire le directeur du Positivisme, le second Grand Prêtre de l'Humanité, comme il se qualifie ou se laisse qualifier, de l'utopie de la Vierge-Mère, et comment il entend ridiculiser ceux qui ont pris au sérieux la recommandation d'Auguste Comte, de « représenter le Positivisme comme directement résumé dans l'utopie de la Vierge-Mère, qui doit nous rendre spécialement attentifs les dignes catholiques des deux sexes ». Comme on le voit d'après cette recommandation, l'utopie positiviste, pour celui qui l'a instituée, n'a pas précisément *pour but essentiel de systématiser les efforts scientifiques des diverses recherches relatives aux relations du moral et du physique*, c'est une image destinée à résumer toute une grande création religieuse. Toute conception, lorsqu'elle est complète, a dit le Maître, doit pouvoir se condenser dans une image. C'est l'utopie, dit-il, qui dans la religion finale doit remplacer le mystère des religions théologiques, et l'utopie positiviste condense au même titre que l'Eucharistie et plus complètement qu'elle les trois parties essentielles de la religion : culte, dogme et régime. Mais l'utopie doit être toujours vraie, pour qu'on puisse en faire un usage qui réponde aux aspirations du cœur et aux besoins de l'esprit ; il faut nécessairement qu'elle respecte la réalité objective, dont elle devient une limite idéale, qu'on ne saurait atteindre, mais qui, comme tout idéal, doit servir de but à nos efforts.

S'il eût fallu démontrer seulement que l'idée d'une procréation féminine n'avait rien qui fût en désaccord avec les recherches de la science contemporaine, c'était jusqu'à un certain point chose assez facile à faire, il suffisait d'être au courant des faits connus, tant normaux qu'anormaux (voyez notre opuscule : *De la Vierge-Mère*). Le point de vue scientifique était pour ainsi dire accessoire ici, et c'est le seul qu'ait vu M. Laffitte. Mais en instituant son utopie, Auguste Comte cherchait autre chose que de systématiser des efforts scientifiques ; c'est son œuvre tout entière qu'il voulait y résumer. Nous venons continuer le catholicisme, ne vous en déplaise, monsieur Laffitte. C'est le grand problème posé par saint Paul que reprend le nouveau Maître du savoir, c'est conformément aux pressentiments d'un autre maître, du grand saint Bernard, qu'il le résout. Par son utopie il établit en outre une filiation devenue nécessaire entre ses meilleurs prédécesseurs et lui, en y condensant tous leurs pieux élans vers le beau et le bon. C'est à ce titre que la Vierge immaculée peut devenir un objet d'adoration. On honore, mais on n'adore pas la sainte phalange des grands types qui ont préparé le règne de l'Humanité. L'adoration réclame l'unité ; vous devez le savoir, monsieur Laffitte, et notre sainte Vierge, notre bonne Mère, que vous voulez ridiculiser par des épithètes chères aux méridionaux, dans la sublime transformation à laquelle elle s'est élevée, qu'elle n'a pas subie, sachez-le bien, peut à tous les titres représenter le passé tout entier dans toutes ses aspirations et l'avenir dans la réalisation de tout ce qui peut concourir au bonheur de notre espèce. Le culte, le dogme et le régime, avons-nous dit, se résument en elle, c'est-à-dire la religion tout entière.

Encore quelques mots sur un sujet, monsieur Laffitte, que vous ne me semblez pas avoir assez médité. L'adoration exige un type concret, on n'adore pas des abstractions, un type dont l'histoire nous est connue, qui nous rappelle de grands services. Vous avez lu la correspondance de votre Maître avec sa sainte compagne, vous avez dû, sans doute, donner quelque attention à ses prières, à ses confessions annuelles, vous ne pouvez donc douter aujourd'hui que la religion de l'Humanité ne soit sortie d'une sainte collaboration, où l'homme a pensé et écrit sous l'inspiration de la femme. Les plus lointaines générations, dans leur reconnaissance, associeront toujours deux images, devenues inséparables, et c'est sous les traits de la noble inspiratrice qu'elles aimeront à se représenter la patronne des humains.

Vous étiez terrifié, monsieur, lorsque votre Maître vous a communiqué son utopie, où vous n'avez vu d'abord qu'un retour à la métaphysique. Plus tard, lorsque M. Proudhon, plus capable que vous de comprendre toute la portée d'une telle conception, en a parlé avec autant de respect que d'élévation, vous avez repris courage, mais pas assez cependant pour y voir le trait d'union du passé et de l'avenir. C'est en tremblant encore, on le voit, que vous en parlez aujourd'hui au public et cela parce que vous êtes sans foi. Lorsque vous cherchez à nous ridiculiser, nous qui avons accepté, sans peur et avec reconnaissance, tout l'héritage d'un Maître vénéré, c'est que, sceptique et rieur, vous avez peur des rieurs.

En assistant de loin à ces sortes de saturnales que vous avez organisées autour de vous, et qui ont tant effrayé un étranger, tombé comme par hasard au milieu des vôtres, M. Nyström, moi aussi j'ai eu peur comme vous qu'il n'y eût discontinuité dans la transmission de l'œuvre d'Auguste Comte; comme vous, j'ai, en effet, la triste conviction que, s'il y survenait une interruption, le Positivisme s'éclipserait jusqu'à ce qu'un homme de génie vînt rétablir la chaîne brisée. Je suis aujourd'hui rassuré, car dans ces nobles jeunes gens, qui valent mieux que vous et moi, sur lesquels vous déversez tout le torrent de vos sarcasmes et de votre ironie, je vois les continuateurs de la grande œuvre que vous avez méconnue et gravement compromise.

Sur son lit de mort, M. Sémerie, en recevant leur premier appel, pouvait s'écrier : « Voilà les vengeurs. » Aux portes de la vieillesse, usé prématurément par les luttes et les déceptions, je puis m'écrier, à mon tour, comme le personnage de la légende chrétienne : *nunc dimitte servum tuum, domine.* Aucune digne femme, monsieur, ne verra en vous un prêtre de l'Humanité et encore moins le continuateur de l'homme qui fut tout à tous; vous n'avez jamais su convaincre personne, vous n'avez jamais inspiré la confiance autour de vous.

Encore un mot pour en finir avec votre triste circulaire.

Le directeur du Positivisme montre une très grande tendresse pour ses souscripteurs anglais, nous le comprenons. Ils forment la moitié du nombre de ses adhérents et fournissent au subside, dit sacerdotal, plus de la moitié de ses ressources. Ces messieurs, dit M. Laffitte, subordonnent tout à la nécessité du groupement. Il pourrait ajouter que chacun d'eux n'entend pas moins conserver toute son indépendance spirituelle. Les uns rejettent le veuvage éternel, d'autres déclarent l'œuvre d'Auguste Comte pleine d'utopies et font leurs réserves. Un autre enfin, mais il n'est pas Anglais, il dirige un prétendu foyer norvégien, frappé de l'anarchie qu'il a constatée à Paris, parmi ceux qui entourent le Grand Prêtre de l'Humanité, va jusqu'à proposer une revision de l'œuvre du Maître, dans l'espérance de la rendre plus acceptable à tous. Il est inutile de dire que tous ces éminents étrangers, comme le chef qu'ils se réservent de ne pas suivre, si cela leur convient, sont placés au point de vue intellectuel, que de religion il n'en est question dans leurs écrits que pour rappeler en quelque sorte qu'Auguste Comte en a parlé.

M. Laffitte n'a pas toujours eu les mêmes tendresses pour ces messieurs, qui subordonnent tout à la nécessité du groupement. Ils lui ont même donné beaucoup d'inquiétudes dans le temps. Leur opposition à celui en qui il voyait jadis le chef du foyer anglais, était violente, agressive même, et le directeur du Positivisme fut plus d'une fois appelé à juger leurs différends sans oser se prononcer, suivant ses habitudes de prudence. Faut-il rappeler ses angoisses dans une question de violation d'un engagement imprudent de veuvage éternel, que le jeune âge du contractant pouvait faire excuser? Après la scission, c'est parmi ces dissidents que M. Laffitte va prendre son appui. Ils lui fournissent, dans l'intérêt du groupement, il est vrai, la presque totalité des fonds nécessaires pour assurer la continuité de sa Revue. Il est donc bien juste que le directeur du Positivisme prenne leur parti contre les jeunes gens qui osent invoquer la nécessité de revenir à Auguste Comte et de respecter davantage l'intégrité de sa doctrine, à leur avis plus importante que l'obligation du groupement. Dans la lutte qui s'est engagée entre ces jeunes gens et les adhérents anglais de M. Laffitte, des paroles vives ont été échangées. Voici celles qui ont excité l'indignation du directeur du Positivisme : « Voyez-vous les cerveaux protestants, à peine débarbouillés de leur individualisme et de leur biblisme, vouloir faire la leçon à nous les descendants de l'une des nations les plus profondément catholiques ! » Et plus loin : « Dans le grand débat qui s'est ouvert cette année au sein du Positivisme, nous représentons le Midi, plus sympathique, plus esthétique et plus religieux que le Nord, dépourvu des belles traditions et habitudes catholiques, et dont vous êtes les représentants les plus avancés. » M. Laffitte se charge de répondre à ces paroles, que nous nous permettrons de trouver, malgré leur vivacité, pleines d'un noble enthousiasme et parfaitement conformes aux prévisions du Maître. « Outre l'étalage d'une vanité qui se manifeste d'une manière si naïve (ce mot revient souvent sous la plume de M. Laffitte) on y voit clairement cet automatisme intellectuel qui éloignerait à jamais du Positivisme l'ensemble actif de notre espèce. Il semble, en effet, sans plus d'examen, qu'il suffira d'appartenir au milieu catholique méridional, pour être esthétique, synthétique et religieux, et qu'il suffit d'appartenir au Nord protestant pour être doué des défauts contraires. Ces messieurs oublient peut-être un peu trop le mouvement poétique de l'Angleterre et l'admirable mouvement musical de l'Allemagne. Il faut avouer que la sociologie réduite à ces termes constituerait une chose singulièrement facile et vraiment à la portée de tout le monde. »

Nous ne doutons pas qu'il n'y ait en Angleterre et en Allemagne des hommes parfaitement distingués, bien que

M. Laffitte ait dit, dans le temps, de ce dernier pays, que le propre de l'esprit germanique était d'embrouiller ce que l'esprit français avait élucidé. Le mouvement poétique anglais est digne de notre plus profonde admiration. Mais M. Laffitte me permettra de lui rappeler que Shakespeare appartenait à une vieille famille catholique, longtemps persécutée par un favori d'Élisabeth, que, selon toutes probabilités, il est resté lui-même catholique. Le presbytérien Milton n'a-t-il pas été proscrit par le parlement qui a préparé ce vaste système d'hypocrisie, qui plus tard devait forcer Byron à quitter sa patrie, où son génie risquait fort de s'étioler ? Quant à la musique allemande, elle n'appartient qu'à l'Allemagne catholique, et soit au Nord, soit au Midi, il serait facile de lui trouver une filiation italienne, c'est-à-dire toute catholique. Il y a encore des gentilshommes en Autriche, dans ce pays annexé au monde latin par Trajan et Marc-Aurèle, on en trouve vraisemblablement aussi en Prusse et en Angleterre.

Mais revenons à la question. M. Laffitte ne peut avoir oublié, comme nous le lui avons rappelé déjà, qu'Auguste Comte disait que si le Positivisme avait dû surgir en France, c'est-à-dire à Paris, dans le milieu le plus profondément révolutionné de l'Occident, c'est en Italie et en Espagne qu'il prendra sa plus large extension. Le fondateur de la Religion de l'Humanité espérait rallier à sa doctrine, quand une pleine séparation entre le spirituel et le temporel se serait effectuée partout, un centième au plus des prêtres français, tandis qu'il comptait sur un contingent infiniment plus important en Espagne et surtout dans ses anciennes annexes coloniales. Il est inutile de rappeler sur quels motifs il fondait ses espérances.

Le mouvement religieux du Positivisme au Brésil et au Chili aurait dû faire penser M. Laffitte ; mais il n'a excité chez lui que de la colère, parce que là aussi, il se sent débordé. Faut-il encore rappeler à celui qui se qualifie Grand Prêtre de l'Humanité, que l'utopie positive de la Vierge-Mère a été accueillie avec enthousiasme par nos coreligionnaires d'au delà de l'Atlantique, tandis qu'elle est conspuée par ses partisans d'Outre-Manche, au point que M. Congrève, qui l'accepte en principe, a eu peur d'en blesser les chastes oreilles de ses ouailles. M. Laffitte est très conciliant en fait, nous le savons depuis longtemps, il l'est aussi devenu en principe depuis que ses intérêts l'exigent. J'en ai fini avec sa circulaire.

> Per correr miglior acqua alza le velle
> Omai la navicella del mio ingegno.

Laissons donc derrière nous cet enfer de disputes et de mauvais sentiments qu'a fait naître une lutte si longtemps continuée et en de si déplorables conditions.

Après les dissentiments violents dont nous venons de retracer les tristes phases, il faut reprendre courageusement la mission qui nous a été confiée et la poursuivre sans relâche, sans nous en laisser détourner davantage. Le Positivisme a recouvré sa liberté d'action et, quelque regrettable qu'ait été et que soit encore la déviation mentale qui l'a entraîné hors de ses voies, elle ne saurait plus en altérer le caractère. Il suffisait de la signaler pour permettre aux vrais croyants de revenir aux grandes traditions.

Personne, parmi nous, ne croit plus désormais que le fondateur de la Religion de l'Humanité ait trouvé un successeur; sa succession reste donc toujours vacante. C'est toujours des libres efforts de ses dignes disciples qu'il faut attendre, suivant sa recommandation, l'avènement d'un continuateur. A nous de le hâter en répondant aux exigences d'un état social qui, faute de direction, ne peut que s'aggraver de plus en plus.

Deux grands devoirs sont laissés, a dit Auguste Comte, à la génération actuelle : substituer une foi démontrable à la vieille foi, qui a servi jusqu'ici de base à l'ancien ordre social; ensuite, incorporer à la société moderne un prolétariat qui n'y est en quelque sorte que campé. Quoique dignement préparée et réclamée, pour contenir les sophismes contemporains, la solution de toutes les questions qui se rattachent à cette double mission se trouve retardée désormais par des obstacles qui résultent d'institutions vicieuses émanées d'un autre temps.

En s'obstinant à nous imposer une religion, un enseignement et une science d'État, nos chétifs gouvernants n'ont eu en cela qu'un but : s'opposer à l'avènement de la libre discussion, sans laquelle ne sauraient prévaloir les principes nouveaux.

La question de la séparation du spirituel et du temporel s'impose de nos jours, et c'est à faire consacrer une telle mesure que doivent tendre tous les efforts des vrais disciples. Il suffit, croyons-nous, d'en rappeler les plus immédiates conséquences pour y intéresser tous ceux qui, à un titre quelconque, poursuivent le rétablissement de l'ordre dans nos sociétés troublées. La question prolétaire se rattache directement à cette séparation, jugée si nécessaire par tous les bons esprits. Qu'on nous permette donc de mieux préciser ici ce que nous avons déjà fait pressentir.

Comme première conséquence d'une telle mesure, il faut s'attendre à voir se former, suivant les prévisions d'Auguste Comte, et ainsi que nous l'avons dit, une véri-

table ligue toute religieuse entre tous ceux qui, conformément aux habitudes morales et mentales, résultant de la
pratique d'une foi quelconque, sont disposés à subordonner la réalisation de tous progrès à l'adoption de
devoirs sociaux et moraux. Il existe une telle solidarité
entre ces deux choses, que si la ligue religieuse pouvait se
constituer directement, elle pousserait bientôt ses divers
adhérents à réclamer, pour assurer leurs moyens d'action,
une entière séparation entre le spirituel et le temporel. En
entretenant les espérances d'une restauration monarchique, l'instabilité actuelle de la forme républicaine ne
peut que détourner l'esprit public des grandes préoccupations qu'y ferait naître une meilleure appréciation de la
situation présente. Mais l'extinction du régime parlementaire, désormais épuisé, le ramènera à de plus saines idées
sur ce que réclament nos vrais besoins.

La ligue religieuse, dont aucun de ceux qui seront
appelés à en bénéficier ne se préoccupe encore, s'im-
posera cependant comme une conséquence forcée de la
décomposition de nos mœurs, lorsqu'on sera bien convaincu que tout retour vers le passé ne saurait nous en
préserver. Prévue par le Positivisme, elle sera naturellement dirigée par lui, non d'une manière directe, mais
comme pouvant seul fournir des solutions rationnelles à
toutes les questions pendantes. Ses conseils toujours dé-
sintéressés seront bientôt recherchés de tous, quand la
cessation de l'agitation parlementaire permettra de se re-
cueillir. La doctrine régénératrice arrivera ainsi à se faire
accepter par les natures d'élite, conduites progressivement
à renoncer à des dogmes épuisés, dont l'utilité sociale,
leur seule raison d'être aujourd'hui, leur paraîtra de plus
en plus contestable.

Si de pareilles espérances peuvent sembler illusoires à

nos débiles gouvernants, on peut assurer qu'elles ne l'auraient pas été à la fin du siècle dernier, si le Positivisme
avait pu surgir alors. Ne vit-on pas le chef de l'école
catholique, le grand de Maistre, au sortir de la tour-
mente révolutionnaire, admettre la possibilité d'une
nouvelle foi, venant enfin se substituer à l'ancienne ? Plus
explicite que lui, Chateaubriand se demandait à la même
époque par quelle religion allait être remplacé le christia-
nisme.

Mais, avant que la ligue religieuse soit constituée, l'avènement de la vraie liberté spirituelle aura montré la véritable nature de la situation révolutionnaire et préparé la
formation d'un vrai parti conservateur. Les sophismes
économiques, les appétits désordonnés qui prévalent de
toutes parts, la méconnaissance des lois qui président au
développement et à la conservation de la fortune publique,
ne tarderont pas à nous acculer aux plus graves complica-
tions matérielles et sociales. En présence d'une telle situation, il est à espérer que la seule doctrine capable d'instituer
la prévision du lendemain arrivera enfin à faire accepter
ses solutions à ceux que les fatalités humaines laisseront
chargés de la direction de nos intérêts matériels. L'*Appel
aux conservateurs* d'Auguste Comte n'a pas été lu par
ceux à qui il était destiné ; il n'est pas dit qu'il ne le sera
pas, en de nouvelles conditions de liberté spirituelle, surtout quand la disparition des corporations savantes, qui
ont tout intérêt à retarder l'essor des sciences supérieures,
sociales et morales, nous aura affranchis de la concurrence
officielle.

Les aberrations économiques que consacre en ce moment un parlementarisme dissolvant, ne peuvent être com-
battues qu'en montrant les lois propres à la formation des
capitaux humains. Il sera toujours facile aux positivistes

de prouver que la réglementation des intérêts matériels, comme celle de nos opinions et de nos mœurs, est encore du ressort du pouvoir spirituel.

La conduite que devront tenir les vrais disciples d'Auguste Comte, en présence de dangers dont la gravité ne saurait être dissimulée, est toute tracée d'avance. Ils ont à maintenir, d'une part, les grandes traditions de leur Maître et, d'une autre, à poursuivre l'exécution des projets qui leur furent confiés. En première ligne de ce qui doit être recommandé, nous avons vu figurer la suppression du triple budget théorique, sans laquelle toute libre discussion resterait illusoire. Les républicains sincères ont de tout temps réclamé, au nom de la liberté, la suppression du budget clérical, sans oser toutefois demander celle des subventions affectées aux corporations académiques et universitaires. L'opposition qui est faite aujourd'hui à la réalisation de leurs vœux émane principalement, dans nos confuses assemblées, des membres issus de ces deux corporations, ou qui s'y rattachent indirectement. Cette opposition ne peut toutefois laisser supposer de leur part une bien grande tendresse pour aucun clergé, elle nous montre seulement que, dans le monde de ces discoureurs, on est déjà convaincu que celle des trois institutions, théologique, métaphysique et scientifique, qui tombera la première, entraînera bientôt les deux autres. Les décrets du ministre Ferry, contre lesquels les vrais positivistes ont énergiquement protesté, étaient destinés à éloigner une échéance fatale, en donnant une sorte de satisfaction à l'opinion, qui ne s'y est pas méprise. Ces coupables mesures, et toutes celles de même nature qui sont prises de nos jours, ont eu pour résultat de convaincre le clergé catholique qu'il doit s'attendre désormais à voir tomber bientôt sa subvention, et peut-être même à se voir refuser l'indemnité viagère que chacun de ses membres est honnêtement autorisé à espérer de la libéralité de l'État. Un gouvernement réduit à de pareils expédients prouve, en effet, par cela même, qu'il ne se sent pas en mesure de résister bien longtemps aux vœux presque unanimement exprimés dans nos collèges électoraux.

Le moment me paraît donc venu pour les vrais positivistes d'inviter le clergé catholique, autant pour sa propre dignité qu'au nom de ses véritables intérêts, à renoncer de lui-même à toute subvention gouvernementale et à réclamer pour tous, comme pour lui, la grande liberté, qui ne peut être complète tant qu'on s'obstinera à nous imposer un enseignement officiel et une science de convention. Les positivistes ont seuls qualité, parmi les républicains français, pour prendre une pareille initiative. S'ils doivent trouver quelque opposition dans le clergé séculier, ce ne peut être que du côté de l'épiscopat français, réduit désormais à un fonctionnarisme dégradant. Les vrais libéraux et le prolétariat tout entier s'associeront certainement à une telle initiative.

La renonciation du clergé catholique à la subvention de l'État aurait pour conséquence immédiate l'établissement définitif de la liberté spirituelle, en nous affranchissant de toute concurrence académique ou universitaire. Elle hâterait l'avènement de la ligue religieuse, à laquelle ne tarderaient pas à adhérer, si elle est bien conduite, tous ceux qui subordonnent la réalisation de tous progrès, matériels ou moraux, à l'institution d'une foi commune. Les anarchistes de toutes écoles, qui érigent en loi l'instabilité, en resteraient de la sorte seuls exclus. Les bons esprits de tous les partis, qui reconnaissent que la situation présente est plus sociale que politique, auront peu à faire pour se convaincre qu'elle tend à revêtir le caractère religieux, c'est-à-dire à faire prévaloir la notion des devoirs sur la discussion tumultueuse des droits.

La propagande positiviste, qui a consisté jusqu'ici en conférences, roulant sur des sujets spéciaux, de nature spéculative, n'a encore détaché aucun des nombreux auditeurs des cours de M. Laffitte, c'est au moins ce que disent ses plus zélés partisans. A ces conférences, il faut substituer des prédications s'adressant plus au cœur qu'à l'esprit. Qu'on ne perde pas de vue que l'argumentation proprement dite, si elle ne doit pas être proscrite de nos fraternelles expositions, doit, suivant la recommandation du Maître, rester toujours subordonnée à la filiation des idées, seule importante quand il s'agit, non de convaincre rigoureusement, mais d'intéresser l'auditeur à réfléchir. L'œuvre d'Auguste Comte suffira toujours assez à ceux qui voudront arriver à la preuve.

Des prédications entreprises dans cet esprit ne tarderont pas à montrer la véritable nature d'une doctrine, jusqu'ici trop confondue avec son préambule scientifique. Lorsque les illusions de restauration monarchique auront cessé, que les épurations métaphysiques et scientifiques, que nous avons annoncées, se seront effectuées, la constitution d'un vrai parti conservateur, avons-nous dit, s'ensuivra de près. Alors les apôtres de l'Humanité pourront intervenir directement auprès des nouveaux directeurs de la fortune publique, pour préparer l'incorporation du prolétariat à la société.

Si les positivistes sont à la hauteur de leur mission, leur action pourra s'étendre, en ces nouvelles conditions, civiques et sociales, à la masse féminine tout entière. Les grandes natures féminines, qui ne peuvent que gémir, en assistant passives à la dissolution croissante de nos mœurs, à l'avilissement de leur sexe, aux atteintes portées à la constitution domestique elle-même, sans oser croire encore à la possibilité d'une réaction favorable, trouveront, sous la direction de leurs initiateurs, une digne occupation à leur activité.

Reconstituer la famille prolétaire, livrée de nos jours à la misère et à la prostitution, est une mission assez élevée pour qu'on puisse espérer qu'elle sera bientôt acceptée de toutes les dignes femmes, à qui leur indépendance et leur fortune font des loisirs. Il faut pour cela que la doctrine régénératrice leur apparaisse sous son vrai jour, qu'on leur fasse comprendre qu'elles n'ont point d'idoles à briser, que leur cœur, qui répugne à toute trahison, peut trouver dans le culte nouveau l'épanouissement de leurs grandes aspirations d'un autre temps, et qu'elles peuvent continuer à aimer et honorer sous d'autres formes ce qu'elles ont aimé et honoré en d'autres temps. Tel est le précieux privilège de la religion de l'Humanité, de pouvoir à travers les temps et les âges maintenir la continuité de grands sentiments et des nobles traditions.

C'est vers cette perspective des grands services sociaux que les vrais disciples d'Auguste Comte auront désormais à tourner toutes leurs préoccupations. Ils doivent cesser d'entretenir contre des frères égarés une lutte qui a déjà trop duré et qui, quelque inévitable qu'elle ait été de leur part, ne peut qu'éveiller de mauvais sentiments, aussi funestes à la préparation qu'exige leur mission qu'à leur harmonie morale. Nous avons assez fait pour les ramener aux voies abandonnées ; nous pouvons donc nous croire déchargés désormais de toute responsabilité envers la Postérité. Le domicile sacré d'Auguste Comte ne restera pas longtemps fermé à ceux qui l'ont le plus aimé et qui ont le plus respecté sa sainte mémoire.

C'est dans cette douce et rassurante pensée que nous devons nous remettre à l'œuvre de la régénération humaine, dans une même communauté d'amour, de foi et d'espérance.

Dr GEORGES AUDIFFRENT.

Marseille, 77, rue Breteuil.

Né à Saint-Pierre (Martinique), le 22 juillet 1823.

5175. — BOURLOTON. — Imprimeries réunies, A, rue Mignon, 2, Paris,

AVIS IMPORTANT

La distribution de cette circulaire étant gratuite, on peut en obtenir des exemplaires en s'adressant à l'une des personnes suivantes : L'auteur, à Marseille, 77, rue Breteuil; M. Jorge Lagarrigue, à Vincennes (Seine), 46, rue de la Paix; M. Miguel Lemos, à Rio de Janeiro, 7, Travessa do Ouvidor; et M. Juan Enrique Lagarrigue, à Santiago du Chili, 9, Moneda.

M. Jorge Lagarrigue se charge aussi d'envoyer gratuitement, à toute personne qui lui en fera la demande, les opuscules suivants sur la Religion de l'Humanité :

(Du docteur Audiffrent) : *Le Positivisme des derniers temps*, 1880, *La Fête de l'Humanité (discours)*, 1881; *Lettres à MM. les membres du Congrès ouvrier de Marseille*, 1879; *Saint-Paul et l'Eucharistie, suivi d'une lettre à M. Renan*, 1882; *Lettre sur le Divorce*, 1879; *De l'Anarchie financière et de la Reconstruction de la Fortune publique*, 1882; *Paris et la situation*, 1883; *le Temple de l'Humanité*, 1885; *la Vierge-Mère*, 1885.

(De M. Juan Enrique Lagarrigue) : *Lettre aux positivistes français*, 1885; *Deuxième lettre aux positivistes français*, 1885.

(De M. Miguel Lemos) : *L'Apostolat positiviste au Brésil*, rapport pour 1883.

(De M. Jorge Lagarrigue) : *Le Positivisme et la Vierge-Mère*, 1885; *Sacrement de la Présentation* (discours prononcé à Rio de Janeiro), 1886.

Les œuvres d'Auguste Comte, fondateur de la Religion de l'Humanité, se trouvent en vente dans son ancien domicile, 10, rue Monsieur-le-Prince à Paris.

En voici la liste et les prix :

CATÉCHISME POSITIVISTE, in-18. .... 3 50

SYSTÈME DE POLITIQUE POSITIVE, instituant la Religion de l'Humanité, 4 vol. in-8................. 30 50

SYNTHÈSE SUBJECTIVE, in-8................... 9 »

APPEL AUX CONSERVATEURS, in-8........... 3 »

. Son TESTAMENT, suivi de ses PRIÈRES, de ses CONFESSIONS ANNUELLES et de sa CORRESPONDANCE avec Clotilde de Vaux. .... 10 »

www.ingramcontent.com/pod-product-compliance
Lightning Source LLC
LaVergne TN
LVHW022155080426
835511LV00008B/1402